ⓒ 서강희(Irene Suh), 『황금왕관을 쓴 솔새』

표지 작품 : 『황금왕관을 쓴 솔새』, golden-crowned kinglet
북미산(産) 상모솔새의 일종 Regulus satrapa: 황록색이며, 머리 위에 노랑 또는 오렌지색 우관(羽冠)이 있다.

연담蓮譚 탁 영 완

진주 출생
월간 「詩文學」 문덕수 추천완료 등단 ('86)

시집
『하늘향한 감각의 살비늘』 '88 / 『신을 만들며 또 지우며』 '90
『사막의 말』 '92 / 『차차 섬이 되어가고 있다』 '94
『인연의 자유를 위한』 '95 / 『또 다른 말 배우고 있었네』 '97
『보로메 군도를 떠돌던 안개』 '00 / 『타클라마칸 사막의 사랑』 '04
『너를 건너다』 '09 / 시선집 『녹색광선』 2011
『시월국화는 시월에 핀다더라』 2015 / 『해인의 창』 2019
『바다 탯줄을 당기다』 2022 / 『황금왕관 솔새』 2025

수상
동아문학상('69) 시부문 / 제5회 부산여성문학상 본상('97)
부산문학상 본상('06) / 설송문학상 본상('08)
32회 한국현대시인상 본상('09)
부산진구문화예술인상('13) / 부산펜문학상 본상('16)
모범공무원상('07) / 홍조근정훈장('11) / 부산시인 본상('22)
부산펜문학상 대상('23) / 문학도시 작품상('25)

한국문협 이사, 부산문협 이사, 부산시협 부회장,
영남여성문학회 회장, 부산여류문인협회 회장,
부산여류시협 회장, 부산시문학시인회 회장 역임.

현) 한국문인협회, 국제PEN 한국본부 자문위원,
한국시협, 한국현대시인협회 지도위원,
한국시문학문인회 부산지회장,
부산진구문화예술인협회 문학회 회장

부산광역시 부산진구 문화로 27, 1912호 〈연담재〉
M. 010-4585-2158
E-mail. tak2158@hanmail.net
블로그 〈녹색광선〉 http://blog.daum.net/tak2158

· 표지 그림 – 서강희(Irene Suh)   · 간지 그림 – 서한비(Amelia Suh)
· 간지 사진 – 탁영완(시인), 김수현

탁영완 시집

황금왕관 솔새

탁영완 시집

ⓒ 서강희(Irene Suh), 『황금왕관을 쓴 솔새』

시인의 말

14시집 '황금왕관 솔새'에 붙여

황금 왕관을 머리에 얹은 솔새가 날아와요
늙고 병든 고목 둥치 끝가지에 끊임없이 날아와 앉아
노래지어 부르는 그림이듯 이쁜 솔새여,
미래의 꽃잎을 물고 희망을 전송하는 자랑스런 솔새

먹지도 말하지도 일어나지도 걷지도 못하는 병든 큰 나무를 대신해
종알종알 노래하고 뛰고 날고 푸른 하늘도 맘껏 보여 주네요
아픔 견딘 곳곳에 작고 큰 감동이 피네요
어둡고 무거운 덩걸 당신에게 봄인 듯 와서 피네요
새 세포 하얀 꽃잎이 피네요

이름만 들어도 자랑이 솟던 당신의 딸 정현. 수현, 사위 성찬. 정환
이름만 들어도 행복한 웃음이 흥건히 피어나던 손자 손녀, 현서. 강희. 한비
당신의 氣와 運 바톤이듯 이어받아 당신은 이제 한숨 내려놔도 되네요

이제 13살 아이린(강희)이 9살 즈음에 그린 표지그림,
『황금왕관을 쓴 솔새』 초롱한 눈이 대신 보고
파란 하늘에 솟구쳐 피는 기도는 흰 꽃다발 다발로
바램은 늘 용량 초과 전송하려 안간힘 쓰던 당신의 봄이었네요

'사랑이란 말 하나가 삶의 모든 무게와
고통에서 우리를 해방시킵니다'

오늘도 당신을 그리는 詩가 깃틀을 고르고
당신을 사랑하는 솔새의 그림이 자연이듯 펼쳐집니다
기울어진 그대의 생에 손을 얹고 황금왕관솔새의 노래를 듣습니다

응급실서 중환자실로 일반실 다시 재활병원 요양병원
3여년 숱한 곡진의 휠체어 바퀴도 다 우리 인생입니다
그래서 그 속에 분노 슬픔도 기쁨 기대 감동도
온전히 당신이 전부인 詩도 있습니다
왕금왕관솔새가 우리의 미래를 이고 드높이 나네요

(2025년 5월 19일 떠난 당신에게 이 시집을 바칩니다)

2025년 여름 박영완

시인의 말
14시집 '황금왕관 솔새'에 붙여   6

작품해설
《문학도시》 2024 작품상 수상작 읽기   92
- 탁영완 시 「따로 늙는 노래」 / 조현숙(시인)

작가 소개   99
- 표지 작품 / 서강희 Irene Suh
- 간지 작품 / 서한비 Amelia Suh

1부
어싱 Earthing

황금왕관솔새 · 1	16
황금왕관솔새 · 2	17
생장 한계선 TIMBER LINE · 1	18
생장 한계선 TIMBER LINE · 2	19
생장 한계선 TIMBER LINE · 3	20
가문비나무의 세대교체 — 철거예정	21
어싱 Earthing · 1	22
어싱 Earthing · 2	23
시 읽는 비 — 영랑생가 시비	24
루비앤네크리스	25
화암사 볕공양	26

2부
선셋 Sunset

선셋 Sunset · 1	30
선셋 Sunset · 2	31
2월의 비 · 1	32
2월의 비 · 2	33
가파도에 가면	34
꽃 피고 꽃 진다	35
스투키	36
동거	37
아름다운 여인들 · 1 — 남이섬	38
아름다운 여인들 · 2 — 더피 셰리던 Duffy Sheridan	39
제 뚜껑 찾기	40
시 한 편, 눈물의 지분	41

3부
삶의 부작용 허용범위

편한 신발	44
금곡, 호포, 증산, 지나	45
멈춰 선 자전거	48
바위가 흘리는 땀	49
의식	50
이방인	51
착한 사람	52
당신의 봄	53
봄은 또 온다	54
4월은 꽃비 내리고	55
수신호 — 면회·1	56
불씨 — 면회·2	57
사람의 향기 — 면회·3	59
받지않는 폰	60
삶의 부작용, 허용범위	61
인생	62

4부
따로 늙는 노래

따로 늙는 노래	66
5월은 왕관을 벗다	67
벚꽃역에서 벚꽃역까지	68
배롱나무 꽃	70
水기운 火기운	71
시계꽃 — 청로골 이야기·3	72
내소사來蘇寺	73
허허虛虛, 그대가 없네	74
스페이스 미조 — 문학세미나「문학 속의 과학」	75

5부 / 그 자리

그 자리	78
길에서 길을 만나다	79
살래, 그냥 이대로 죽을래?	80
천연덕 오늘	82
늙지 않는 바다	83
시차극복	84
강이 아프다 · 1	85
강이 아프다 · 2	86
내 뒤에 있다	87
딸들(정현, 수현)에게 보내는 편지	88
'중우 삶은 물에 나물 데치다'	89
— 강남주 시인 추모	

1부 어싱 Earthing

황금왕관솔새 · 1

둥글고 새까만 눈을 바라보며 얘기한다
영롱한 깃털의 새는 갈증에 고인 진실만 물고 날아간다
정수리에 노란 관을 쓴
황금왕관솔새의 자부심이 눈부시다
어쩌면 절대적 존재로 신이 깃들어 있는 듯하다
하고 싶은 말을 다 못하고 그대가 입을 다물었듯
듣고 싶은 말을 다 듣지 못하는 내 귀가 찌르르
오직 견뎌야 하는 그대 이마에 손을 얹는다
여기까지 오느라 참 애썼다
말이 되지 못한 한마디 명문 아래 뻐근하다
당신의 말 없는 말, 내가 가장 듣고 싶었던 말을
큰 전지가위가 잘라내고 또 자른다
잘려나간 아픔 물고 날아가 숲에 풀어놓는
황금왕관솔새의 철없는 누설
솔새의 언어가 떨군 그림자 수용의 울음에
내 그림자가 겹친다
숲속에 핀 꽃 무더기 번져가는 당신의 말

황금왕관솔새 · 2

솔새에게 털어놓는 잃어버린 나무의 말
고목의 의식을 솔새가 새의 소리로 말한다
눈이 맑은 아이가 알아듣고 내게 전한다
까맣고 동그란 눈이 꼭 닮아
날개를 보물처럼 숨긴 아이
어쩌면 네가 황금왕관솔새인지 모른다
지쳐가는 우리에게 방울방울 링거를 떨구듯
위안의 언어 삐투루 숨겨진 노래를 주고가는구나
죽음 가까이 누운 무상이란 이면지에도
밝은 상념 펼친 그림 기차게 남기는구나
이승의 긴 담장에 기댄 고목의 눈 대신 먼 하늘을 보고
나뭇가지의 일부가 되어 햇빛과 바람의 통로를 틔우는
황금빛 머리 장식을 한 귀한 솔새
깃털의 섬세한 선마다 삼월삼짇날 이어진
금빛 사랑의 등걸 화안和顔 연緣을 보여주는구나

생장 한계선 TIMBER LINE · 1

여기까지가 너의 삶이다 그 이상은 꿈꾸지 마라
윌도우스와 사초 세즈가 사는 언 땅
나이만 먹을 뿐 더 이상 성장은 없다
퇴적된 시간은 빙하로 굳고 마지막 생명
그 시린 사랑을 지키는 수만 년의 고요
보이지 않는 속눈물로 흘러 저리 도도한 계곡으로
폭포로 다시 일어서는구나
일억 오천만 년 전 바다였던 전생의 역사가
시퍼렇게 언 산이 되어 이렇게 산다

생장 한계선 TIMBER LINE · 2

당신은 거기서 머물고
나는 오르지 못해
여기 아직 있다

이생의 역사가 여기서 멈칫하고
기억의 해석학을 펼쳐 전생이듯 보여주는
함께 오르던 생의 그림
푸른 잎 무성하고 불쑥
온갖 색깔의 꽃 다투어 피던
눈뜬 것들 숨쉬는 것들
온기의 잠을 깨운다

눈 감아서 환한 세상
붙잡다가 놓친 것 말하려다 다문 것
적요를 베고 하나하나 들추어 보며
새로이 별 하나의 말 배우려나

생장 한계선 TIMBER LINE · 3

둥근 봉분에 가두지 않아서 울지 않았다
상여가 아니어서 떠남도 가벼웠다
다칠까 겨울 미끄러운 눈길도 피하고
힘들까 여름 진득한 땀길도 아니고
낙엽 져 허무에 발 빠지는 계절도 아닌
바람 살랑이며 팔장 낀 초록
만남도 떠남도 5월이어서 행운이었다
지난해 5월 대학병원 뜨락에서 화관 쓴
금혼식 따순 미소가 새록새록
아까시아 꽃향기로 안긴다
잘 살고 떠난 당신, 이름 아래 묘비명 새겨
고성 영오면 고향 선산 자족의 언덕에서

천복과 자유의 기상 다 펼치고 쉬시다

*가문비나무의 세대교체
— 철거예정

한때 나도 위세도 당당했던 꿈의 보금자리였다
고층 아파트 옆 복개천을 끼고 위태로이 서 지탱하는 집들
철거예정, 남루를 걸치고 기약도 없이 지낸다
벌써 2년 3년도 다 돼가건만
유보된 만신창이 신세의 누벽, 철골을 드러낸 채
갱신의 꿈은 되풀이 되풀이 치매인 듯 잊혀서
주변 초록 주거의 전쟁터, 꽃빛 세상에 누를 끼치고 산다
민폐가 되는 내 아스라한 생이 날마다 부끄럽고 욕되다가도
오늘도 무사히 이달도 그럭저럭 한해도 간신히 지탱한 삶
안도의 한숨을 내가 쉬는 건가 네가 쉬는 건가
유보된 생애가 요양병원 중환자실 철제침대에 붙박혀서
여기저기 뚫리고 꿰어져 소통의 창이란 창 다 막혔다
이미 굳게 작심한 지 오래지만
마주친 어린 눈빛, 스테로이드 링거 한 가닥 기대의 망상을 가졌던가
내일을 모를 대책없는 불안만 손가락 끝에서 꼼지락거린다
철거예정, 지워지지 않는 페인트칠 내 것 아닌 몰골의 비애가
돌아온 봄조차 자꾸 미안하고 죄송하고
염치없는 눈물이 흘러 어린 초록 가문비나무 보기 민망하구나

* 일본작가 고다 아야(幸田文) 저서 '나무木' 중
* 자연림에서 가문비나무는 쓰러져 죽은 나무 위로 새로운 나무가 자란다.

어싱 Earthing · 1

자연의 손 만지고 맨살 포개지 않는 나를 향해
흙에 뿌리내려 발 딛고 사는 꽃과 나무를 불러내
누가 하염없이 섹소폰을 불고 있다

구름 보내고 흙 토닥이는 긴 침묵은 자랄 대로 자라서
꽃양귀비 수선 찔레장미 바람개비꽃 목단 향기 싸안아
넘쳐나던 그때 그 녹색고요
섹소폰이 다 삼켜 뽑아내고 있다

산딸기 살구 대추 자두 앵두 사과 칼슘나무
맹지의 땅이 제 몸으로 안아 피로 맺힌 빨간 열매 손바닥에 얹어
불감의 내 몸에 연결하는 탁틸케어* Taktil care
멀고 가까운 지구와의 접지接地

내 손바닥 땅에 옮겨온 나비수국 장미허브
간질간질 발바닥 뿌리 발그레 온기를 느낄 때
쿵쿵 향기를 끌어오는 대지의 숨소리 들리지
지구몸 구석구석 깨어나라 누가 하염없이 섹소폰을 불고 있다

* 포옹 악수 등 "피부를 통한 의사소통"이 주는 놀라운 치유효과

어싱 Earthing · 2

맨발로 네 살을 만진다
살갗이 따갑고 아플 줄 알았더니
이리도 온화한 감촉이었나
닿아보지도 않고 움츠리던
미숙한 생, 상상의 밤을 이제 버린다
억겁의 바위 모래 알갱이 촉수가 맞닿아
산의 붉은 속살 황토흙의 기운
시린 몸을 타고 혈관을 녹여
간질이듯, 굳은 뇌피를 살살 풀어준다

양말을 벗고 신발을 벗고 흰 맨발로 가볍게
오늘도 설레며 너를 만난다
얼어붙은 바다를 가르고
잘디잘게 흩어진 내 세포의 접합
안개로 기어오르던 고단한 생의 첩산
쩌억 쪼개고 다가온
간절한 생의 델타 수면睡眠*
내게 팔베게를 내준 그대 천연의 품

※ 델타 수면(睡眠): 수면을 4단계로 구분할 때, 3, 4단계 깊은 잠에 빠진 상태

시 읽는 비
— 영랑생가 시비

비는 종일 바위에 새겨진 시를 읽는다
연필에 침 묻혀 밑줄 그어가며 읽는다
아무른 반응도 보이지 않는 그대 내면의 언어를 캐려는 듯
시인이 태어난 초가 마당까지 줄 곳 읽어내리는 비
젖어 흘러내리는 시가 모르는 구석을 발견할 때
이윽고 바닥에 스미듯 내게 스민다
흙에 스며 푸르게 싹이 트는
다시 담장을 기어오르는 담장이 같이
돌담에 속삭이는 쫑긋한 초록의 귀
우리는 살아있는 영랑의 물방울 같이 튀어 오른다

루비앤네크리스

바램은 되도록 작게 줄이는
짧은 시간 눈맞춤
손끝 차가운 체온
보일 듯 사라지는 미소와 눈길
손짓이 하는 말 간절한 반짝
이어지는 가느다란 생

손바닥 반만한 화분
딱딱한 흙더미
흙색 실타래 같은 밑줄기
이미 생명 저쪽이듯 말라
물기도 없이 뿌리를 쥐고
늘어진 줄기에 촘촘이 매달린
녹색 네크리스
그 끝 아주 작은 노란꽃 땡징하게 맺혀 눈맞춤

순간, 그의 손끝에서 필사적으로 매달려 썬 내 이름
새끼손톱 건 약속처럼 선명한

* 루비앤네크리스: 다육식물

화암사 볕공양

처음 이름 듣고 화엄사가 아니냐고 묻게 됩니다
얼마나 오르면 보게 되냐고 묻지 않았습니다
웬만큼 가다 보면 그냥 보일 줄 알았습니다
세사의 가파른 곡진만 할까 보냐고
三界 미끄런 돌팍 눅눅히 젖어 깔린 천상의 사다리 끝
누구도 모르게 감추어 두었더이다
세상에 짓눌린 무릎 통증도 잠시 잊었습니다
무거운 몸 끌어올리는 기운 믿어보기로 했습니다
한 발짝 한 발짝 내 발이 아니면 닿을 수 없다는
도달의 진리, 육신의 연민 나뭇가지에 매달릴 때였습니다
한창때 근육도 물기도 다 빠진 늙은 다리 뻗대고 선,
색 까마득 날려버린 무색계 누각 한 채 보였습니다
우화루雨花樓 꽃 날리던 시절 꿈이듯 보이더이다
발 하나 들이미니 모두가 화안시和顔施 공양이었습니다
볕살 한 마지기 절 마당에 고봉으로 쌓여 있었습니다
무우수無憂樹듯 집착의 살 버린 방착放着스님,
동종 울림에 유난히 자란 귀가 부처를 닮아 있더이다
불명산에 업혀 해총, 원효, 의상대사, 설총을 키운 화암사 늙수그레
바랜 햇볕에 무지의 뺨 붉게 데어 도무지 식지도 않더이다
무심에 걸어 말린 木魚 가벼이 허공을 놀고 있었습니다

절 마당 넘치는 가을볕 속 시린 한 생의 몸 반나절 뎁혀 갑니다
소리 없는 동종의 찰시察施 한 줌 얹혀
참 잘 왔다, 삶은 이리 감사한 일, 되 내는 바람 타고
다시 응달쪽 하산은 오르던 길 절반으로 수월했더이다

＊ 화암사: 천년고찰 전라북도 완주 불명산 소재
＊ 삼계: 부처의 지위에 도달하지 못한 사람이 거주하는 욕계, 색계, 무색계를 통칭
＊ 화안시: 환한 얼굴로 사람의 마음을 편안하고 행복하게 만들어 주는 보시(베품)
＊ 무우수: 불교 성목의 하나. '우울함이 없다'라고도 의역
＊ 찰시: 마음으로 베풀수 있는 無財七施의 하나.
　　　굳이 묻지 않고도 상대의 속을 헤아려 알아서 도와주는것

2부 선셋 Sunset

선셋 Sunset · 1

붉은 코가 떨어져 나간 섬마을 조르바의 바람이 당도해 있다
한창 자유의 붓질로 서녘 하늘벽에 멋대로 바탕 색칠 중
저물어 가는 나도 합세해 서툰 붓질
벅찬 시간 흥건히 젖어 다시 건져 보는 화양연화花樣年華
생을 덧칠하도록 여유 속 침묵이 가뭇 평화에 기울다
생은 노을 속에서 영원이듯 머뭇 끌다가
불현듯 떠난 인물 누군가처럼 잠적하듯 가고
남은 적막은 내가 마무리
풀어놓은 색 다 섞어 무색계 허공이 남는다

선셋 Sunset · 2

너무 많은 색은 필요 없어
겐지스 강가에서 타던 장작불
그 주황, 빨강은 마지막까지 남겨둬
형체는 사라져 없어도 돼
아이야, 네가 그리고 싶은 양 한 마리쯤 남겨도 좋아
어차피 어른들은 제대로 알아보지 못해
누군가는 쓰나미에 쓸려 가는 황금의 강
누군가는 애착의 숨은그림으로 보이지
여기서는 너무 많은 생각은 필요 없어
머뭇거리다 그냥 남긴 색 써보지 못하고
잠적하는 색계의 시간 홀연히 사라져 버려

하늘 텅 빈 도화지, 오늘이 마지막이듯
불러 태우는 소지燒紙 한 장

2월의 비 · 1

노래가 되지 못한, 먼지 낀 창에 그려지는 악보
시린 강물과 견디는 둑 사이를 슬몃 지나와
감정이 벗어놓은 젖은 운동화 가까이 머물자
오는 길 어디메쯤 꽃 보조개 흰 표정은 여태 멀어
내게 하마 오려는 사람, 그대 손발처럼 서늘하고 차갑다
아픈 뿌리여, 목은 마르지 않는가 잘 견디는가
후두둑 톡톡 두들겨 보는 그대 무심의 젖은 안부

2월의 비 · 2

예사롭게 기억이 고개를 치키듯
허공의 깊은 호흡
적막이 내쉬는 숨
눅눅히 젖은 가슴 빗물 고인다
흘러간 영상마다 흐르는 비
풋풋을 찾아 헤매던 비구름 한 손
담 너머 매화나무께 드리우고
더께진 소식의 뒤꿈치를 불린다
겨울 땅에 묻어둔 뿌리 끝을 깨우려고
비요일 마음의 끝을 당겨대나 본데

오래 닫힌 기별의 문 사이로
익숙한 감촉의 손 뒤밀어
걸어둔 감성의 자물쇠를 비튼다
그대의 안부 아직 추운가요
가령, 시린 어깨와 무릎의 통증 아래
열선 끊긴 난방 스위치를 켜듯

가파도에 가면

은혜 모를 해 종일 쬐다가 불현듯 비바람치고
폭풍 해일로 생사 뒤집어 뒤늦게 보수도 하는
머리칼 휘두르고 감는 바람
외진 마음 한 바퀴 돌아 떨어져 앉은 돌 가파도

청보리밭 사잇길로
그날로 닫혔던 기도氣道와 시야가 새파란 창 다 열어 제치고
세상 견디는 한켠 나지막하니 치아를 다 드러내고 웃고 있네
잊었던 춤을 추듯 바람을 안고 부루스 왈츠까지 양팔을 짝짝 다 벌리고
시인의 가슴만한 섬마다 꽃을 피우고 다니는 지구별 여행자

가파도
안갚아도 그만인 한생의 빚 뱃전에 다 던지고 가자
당신 앞에 그리 무겁던 어깨 통증
보리밭 유채꽃 노랑 손짓에 잠시 잊고 아니, 까마득 잊고
발부리에 문득 와닿는 무뿌리이듯
굵직하게 묻힌 밑바닥 실체

꽃 피고 꽃 진다

당신이 살아있어 너도 바람꽃이 핀다
당신이 견디는 고통으로
이 땅에 모든 벚꽃이 심장을 찢고 자폭하듯 핀다

당신이 한마디 말할 수 없어 꽃이 진다
당신이 한발 걸어서 내게 오지 못해
이 땅에 꽃이 좀 더 기다리다 기다리다
꽃비로 진다

스투키

받들어 총!!!!!!!
뾰쪽한 7개 총부리 치키고
수상쩍은 창밖 굽히지 않던 조준
한 3년 펜데믹 코로나19도 지키고
어느새 열댓 쪼무래기까지 양성시켰다
됐다
너들 믿고 나는 가마
믿음직한 근육질 큰 팔뚝 하나둘 접는다
발밑에 손가락 뻗는 아우성
아직요!
5개 근육질 종아리를 붙들고 놓지 않는다

동거

만손초 고요히 가부좌 한 자리
큰손도 모르게 정갈한 새끼손을 나눈다
옆자리 호박씨 슬몃 들어 덩굴을 늘이고
제멋대로 꽃 피우고 열매도 없이 진다
넓은 호박잎 아래 빈구석 그늘
루비 도톰한 입술 디밀고 촘촘 생의 네크리스 꿴다

삶은 혼자가 아닌 함께의 이야기라고
허전한 곁을 내어준
한 화분 안에서의 참한 동거

아름다운 여인들 · 1
― 남이섬

눈빛에 강이 흐르는 여인들은 대개 머플러를 두르고
나미 나룻목 아래 날아가버릴 듯 바람을 입었네
본색의 곡선은 가릴 듯 드러나
'겨울연가' 포즈로 이어지고
함부로 늙지도 못하는 노래이듯 피네
꽃이 되는 섬의 입술과 붓질로 디자인된 나라 '나미공화국'
안개에 빨려드는 메타숲길 속으로
드디어 나를 돌려받은 제대로의 아침이 왔네

네게 오랫도록 기울어지는 그 황혼에 머무네

아름다운 여인들 · 2
— 더피 셰리던 Duffy Sheridan

눈빛이 슬픈 여인들은 대개 머리에 꽃을 꽂고
길다란 목 아래 흘러내릴 듯 끈을 입었다
고운 선은 가릴 듯 드러나
맨발 끝으로 이어지고
함부로 건드리지도 못하는 신앙이듯 차갑다
웃지 않는 입술과 긴 머리칼에서 나는 향기는
나중에 빨려드는 커다란 눈동자 속으로
구름이나 바다 바람에 잠드는 먼 꽃송이
깊은 침묵에 가 머문다

제 뚜껑 찾기

줄줄 잘 나오는 검정 싸인펜 쓰다가
뚜껑이 보이지 않는다
그냥 두면 수성액이 다 말라 버린다
다른 펜 뚜껑을 대신 끼워도 맞지 않는다
짝이란 이런 것
사소한 차이가 아무 쓸모가 없어
포기했을 때 빨간 볼펜에 잘못 끼워져 있는
제 뚜껑을 보물이 듯 찾았다

별것 아닌 듯 보여도 제 몫의 역할로
서로를 맞물려 가두고 견뎌 이루어 내는 부부처럼
아귀가 맞아야지
또박한 글자가 제 아이처럼 키워지고
더 긴 문장이 인내로 성장 되고
스토리가 있는 글, 평생을 담아내는 감동이 된다

제 뚜껑이 있어 펜 하나가
제 수명을 제대로 이루고 살게 되는구나
제 뚜껑 하나가 결국은 나를 완성한다

시 한 편, 눈물의 지분

새로 나온 아내 시집을 읽다
슬쩍 눈물 닦던 남자
60여편 시 속에 오직 한 편의 시
자신인 듯 눈물이 고였다
높고 먼 시인 아내의 시 세계 속에
내 지분 이만큼인 게 어딘가
갈수록 그녀는 나타샤이듯 외롭고 멀어서
면벽한 남자 혼술의 잔만 깊다
어느새 반백 년,
옷깃 스쳐 귀하게 만난 부부연
세월의 옷 바뀔 때마다
아내는 시를 만나고 시만 사랑하고
몰래 아내의 시 만지작 읽는 남자는
낚시하듯 한편 감동의 눈물을 건진다

3부 삶의 부작용 허용범위

편한 신발

세월 앞엔 장사 없다

주말 유채꽃밭 야외소풍 때 신자고
20여 년 다 된 호피 천 앵글부츠,
들뜬 밑창 접착제 깊숙이 발라
돌멩이 눌러 하룻밤 재운 후
잘 붙었는지 예행연습 차 오늘 먼저 신어보자
안 신은 거 같은 편안함에 발이 좋아 좋아 가볍더니
얼마 안 돼 공원 길에서 한쪽 고무 밑창이 쩍 갈라지네
빨간 신호 들까 염려 한 블록 서둘러 건너자
아예 뒤축이 떨어져 나갔다
서면 굴다리쯤 양쪽 뒤축이 무위無爲듯 다 달아나 버렸다
뒤꿈치 없는 내 육신, 까치발로 가까스레 평상심에 도착
쓸만한 윗부분, 오래된 것의 익숙했던 손발의 평안
버릴 수 없던 미련, 다 바스라졌다
멀쩡한 듯 갖춘 겉 상체 모습과
거덜 난 내 밑둥 바닥 같은

세월 앞엔 장사가 없다
당신, 오래고 편한 내 신발

금곡, 호포, 증산, 지나

금곡
여기서부터다
세상은 다시 햇살을 받아 금빛 의식의 눈 떴다
당신에게로 창이 열리고 빛은 들녘을 일으키고
반짝 강물을 튕겨 일으키고
둘러쳐진 겨울 산에도 생명 대롱대롱 수목을 세운다
기대와 희망 웅크린 기지개 켜자 고가도로를 바삐 건너가는 철로

호포
강 따라 걸어도 좋을 산책로 반세기 꿈이듯 이어놓고
군데군데 추억 고운 이름 붙매어 놓았다
감상을 둘러싼 풍경을 따라가다가 퍼뜩 정신이 들고
증산에 도착하면 하차해야 할 현실의 역이 다가와 있다

증산
멀쩡했던 산자락이 당신 가슴이듯 잘리고 다헤쳐졌다
흙더미 돌덩이 쏟아낸 심장판막 다시 갈아
내 미덥던 땅 전신이 아리다
목에 관이 끼워지고 포크레인이듯 가래를 뽑아낸다

코엔 인공 호흡기 산소가 모자라 숨이 차다
소통이 안되는 당신과 나 사이 밀려드는 산자락
연민의 무게에 깔려 목이 막히고
숨이 멎을 듯 하루하루 오늘이 안절부절
새로 세워야 할 건축 철재가 어지럽게 산자락에 얼키 듯
몸 가슴 팔에 구멍 뚫어 얼기설기 몸 밖으로 꼬이는 호스 주사관
꼭 쥐어본 손으로 전해져 오는 온기, 부적같이 손가락 걸었다
예쁜 집들이 들어선 동네가 꿈속인 듯 언뜻 눈에 들었다

양산
미덥던 땅 당신 넓은 가슴과 굵은 팔뚝에
내 기댈 여지가 보이지 않는다
그곳엔 이제 음흠한 불안이 덩그러니
기한도 없이 쌓아야 할 고층빌딩 그늘처럼
양산 벌 햇살 다 먹어 치우고 성큼성큼 남은 눈물이나 쟁여둘까
유일하게 전해지는 내 목소리를 당신 귓속에 비밀문서이듯 밀어 넣어
신이 어디 숨겨둔 희망의 심지를 당겨 본다
세상은 펜데믹, 당신 내부로 알 수 없는 균들이 소문이듯 잠식해
고통의 드릴로 구멍을 파고 열을 올리고 혈압을 끌어 내린다
함께 할 수 있던 잠재된 의식마저 조금씩 다 가져간다

양산 지나 증산, 호포 지나 금곡
당신은 다시 조립하는 퍼즐 레고,
어디 있는지 알 수 없는 미완의 조각
말, 호흡, 흡입, 표정, 직립, 포옹
소중한 부분들만 죄다 **빠**져버린 사람의 형상
얼마나 걸릴까 하나 하나 찾아내 끼워
완벽한 당신을 완성 지을 수 있을까
참하고 귀한 사랑으로 내게 다시
되돌아
걸어올 수 있을까

병원 가까이 인생 열차 2호선
거쳐온 곳 되돌려 양산 지나 증산, 호포 지나 금곡
다시 우리집 가까이 서면.

멈춰 선 자전거

현관 밖에 세워진 채 3년
달리고 싶어 기다림만 체인에 감겨 묶여있다

신호등 건너 자전거에 사과를 싣고 오는 그가 서 있다
살이 빠져 10년은 젊어 보이는 남자
자전거를 타고 달릴 때 가장 멋있는 바람이 인다
부전시장 싱싱한 생선을 싣고 저만치 달려오고 있는 당신
바퀴는 멈추지 않고 하루에도 두어 번
마지막 즐겨 부르는 한 자락 노래처럼
생기를 뿜어 굴리더니

참 알 수 없는 생애의 무게로 문밖에 멈춰선 그
말도 않고 눈도 맞추지 않는 그 무심처럼

바위가 흘리는 땀

부산대학 양산병원 32병동
엉켜버린 시간들이 풀리지 않아 끙끙거린다
해방의 발원은 새잎을 말씀으로 다시 뱉는 기적
미래의 밑바닥에 가라앉은 철제 침대를 끌고
갇힌 시간을 탈출하러
기약 없는 잠 속에서 눈 뜨는 것은
한 세계로의 출발을 채찍질하는 위대한 힘이다
몸 기관마다 줄, 호스로 이어진
승압제, 항생제, 해열제, 영양제, 산소 흄벤트
구멍난 기도 가래 끓는 소리는 바위가 흘리는 땀이다
닥쳐올 확신은 언제나 피검사, 소변검사 수치만 답이다
시티, 앰알아이, 초음파, 엑스레이 냉철한 기계의 눈
포용을 거부하는 냉담의 긴 시간은
개개인에게 채워진 자물쇠
그날부터 굳어 버린 그들의 편이 아니다
그는 마침내 이방인 뇌로소,
바위는 어떻게 거기 와 있는지
고통으로 굳어진 스스로를 이해하지 못한다

의식

의식 밖으로의 질주,
가차 없는 판결과 기적의 탄원 속으로
그는 눈을 맞추지 않습니다
입을 열지 않습니다
나는 이제 그의 눈으로 세상을 보고
그의 목소리로 말합니다
기계장치가 그를 단단히 묶어두고
친친 감긴 무표정이 되어 갑니다
그의 슬픔을 안타까움을 절절한 사랑을
내가 죄다 흘리고 줍습니다
그는 모든 것을 버려둔 채 살고 있습니다
그의 모든 것을 당분간 내가 갑절로
치열하게 살아야 합니다
그가 의식 안으로 우리를 제대로 찾아올 때까지

이방인

나는 이제 그의 대변인으로 말한다
소통의 강이 끝나는 곳
가쁜 숨결 음향만 겁 없이 공간 속에 쿵쿵거린다
흔들리는 시간은 젖은 랜즈를 끼고 겹쳐 보인다
정적이 부르짖는 선고가 심장의 지축을 흔든다
태양이 쏟아붓는 빛의 사지는 무겁도록 어둡다
누워서 바라보는 하늘의 가치를 가늠해 본다
사제의 면회를 거부하는 생명 파동의 순환
고통의 땀을 흘리는 목소리는
목관으로 다 새어 나가고
간절한 기도는 하느님의 사제마다 다발로 묶여
한 세계로의 출발을 고한다
미래의 밑바닥에 깔린 뫼로소,
뇌간 중뇌가 자물쇠를 채워두고 있다
세계의 정다운 무관심과 댓가의 용솟음만 우뚝
확신을 밟고 신음처럼 이어져 철문 안에 있다
살아볼 용기를 선택하는 삶은 언제나 옳았고 옳다
소곤거리는 별이 귓전에 대롱거린다
내일이 또 내 편이 아니라는 문자가
서둘러 당도하더라도.

착한 사람

'착한 사람은 좋은 일만 생긴다'

거짓말임을 압니다
목숨을 쥐고 심장 뛰는 소리
예고 없이 불현듯 다가온 최악의 발소리
그는 가장 죄 없는 이방인
이유도 모를 죄의 짐 지고
하늘의 묵언에 눌려 버렸습니다
불안한 새벽 미심적은 시간 속으로
그의 익숙한 귀가는 되풀이
발소리, 숨소리, 기침소리, 가래소리, 심장 뛰는 소리
이윽고 심장이 멎는 소리
정적만 텅 빈 거실, 방마다 가득입니다
착한 사람은 항변 한 마디 못한 채
곤고의 방 힘을 뺏기고
무기수로 갇혀 있습니다

당신의 봄

나뭇가지마다 다발로 매달려 오는 기도문
삼월 끝 붙들고 간신히 몸으로 봄을 말하는 당신
입으로 말은 없지만 사랑하는 이들이 대신 말하고
손가락 구부려 동그라미 만드는 당신의 답에
새 세포 하얀 꽃잎이 핀다
아픔 견딘 곳곳에 작고 큰 감동이 핀다
이 순간 재활의 경직된 밑둥 볼 수 없어도
황금왕관을 쓴 솔새 초롱한 눈이 대신 보고
파란 하늘에 솟구쳐 피는 흰 꽃다발 다발로
바램은 늘 용량초과,
전송하려 안간힘 쓰는 당신의 봄

봄은 또 온다

어느 날, 냉랭한 당신 표정에 내가 읽히고
당신 미숙한 손짓, 고목을 뚫은 새순이듯
입 달싹, 내겐 듯 세상엔 듯
말인 듯 기도인 듯 다시 고백인 듯
숨막힌 막막한 땅 내 가슴에 돋아나는

또 한 번의 프로포즈

4월은 꽃비 내리고

사월엔 아련한 꽃비 내리고 당신은 가벼이 미소를 날린다
화상전화로 이마 코 귀 입만 확대해 보이다가
오래 굳었던 얼굴 표정이 바뀌고
이윽고 꽃비를 본 듯 눈빛이 흔들린다
그래그래, 쟁여놓은 말이 하 많아
페이스 톡 밖에서 서성이는 연민의 말
모두 날리는 흰 꽃잎이다
사월에 태어나 아직 걸음마 한 발짝 떼지 못하고
달싹이는 입술 안으로 옹알이 꽃잎
팔순의 4월, 내 걸음마다 밟혀 꽃비 날린다

수신호
— 면회 · 1

마음도 얼굴 표정을 떠나 말씀조차 손끝에 있다
나가자, 병원 밖을 향하는 손
왼쪽으로, 다시 오른쪽
아니야, 여기 아니야
버스가 닿고 출발하는 정류소에 휠체어 바퀴를 멈춘다
마음이 가서 머무는 곳
안돼요, 여기는
후진해 길 따라 방향을 돌리면
지하 계단을 가리킨다
지하철로 가는, 집으로 가는 통로를 알고 있는
저 간절한 손끝이
허망하게 내젓거나 하강하는 순간
더 이상 막막한 오늘, 얼굴에 막장 그늘이 담기고
입원실로 가는 앨리베이트 문이 닫힌다

불씨
— 면회 · 2

1년 가까이 그을음 낀 목구멍 말도 안 나와
오래 비 젖어 습기 찬 아궁이 불 지피러 왔다
원망인 듯 무심인 듯 눈도 쳐다보지 않는다

옛 시골집 아궁이 불씨 일구듯
후후 불고 또 불어도 불쏘시개만 태우고
시커먼 아궁이에 번져 나오는
왈칵 매운 연기 눈물 쏟던 막막
굳은 듯 딱딱한 장작더미 켜켜이 쌓여
빈틈없는 절망의 더께만 깊다

의식과 생명이 쥐고 있는
숨은 불씨를 살려야 해
불꽃 반응을 일으키는 눈빛 별빛 당겨
"할아버지 힘내세요 우리가 있잖아요"
귀여운 우리 강아지들 화상전화,
멈춘 지구를 한 번에 돌리는 힘찬 노래
잊었던 미소, 환한 불꽃이 인다

아이들이 힘이다
그을음 가득한 아궁이 뎁혀 불 지펴야
기다림에 배고픈 가족들
밥도 익고 된장 뚝배기도 끓는다

사람의 향기
― 면회 · 3

2년 만에 난꽃이 두 줄기 피었다
나는 향기가 안 난다고 하고
너는 향기가 난다고 한다
며칠 뒤 한줄기 시들어 있었다
남아있는 한 줄기 꽃에 코를 대고 킁킁거린다

요양병원에서 사람의 향기를 기다리는 시들어가는 눈
나는 눈물이 아니라고 하고 너는 시들어진 슬픔이라 했다
내 마음속에는 물기 고인 나도 있고 향기를 맡는 너도 있다

받지않는 폰

충전기를 링거이듯 꽂고
2년이 지나도록 수혈중이다
말하지 않는 톡이 사각턱으로 굳고
듣지 않는 노래
읽지 않는 메시지가
입지 않는 옷장 옷처럼 쌓여 있다
당신을 기억하는
미련의 통화음
애련한 노래를 부르다 부르다 꺼진다
내 폰이 '사랑해'라고 말하면
잠시 있다가
살아 있다고 꼴깍 숨을 쉬듯 '카톡'
받지도 보지도 못하는 당신 전화기에
가까이서 내가 보내는 까마득 먼 소식만 열린다

삶의 부작용, 허용범위

내이름 잘못 쓴 서적 우편물도 그냥 넘겼다
아버지센타에서 날라오는 남성교육 메일도 거부하지 않았다

떠날 때 아주 떠나더라도
생명의 중심 비어있는 중심
거대한 우주에서 같은 튜브를 타고 있었다는,
그 진실의 흔적은
당신 눈으로 그대 입으로
마지막까지 남겨야 한다

두 발로 걸어와 손 내밀지 못해도 괜찮아
내 손으로 음식 하나 건네 삼킬 수 없어도 괜찮아
가늘게 줄을 이어 알아보는 눈, 생명의 문이 된다면
명문혈 열려 우주의 숨을 함께 쥐고 있다면
켜켜이 심장에 폐에 쌓아둔 가랫덩이
당신 속앳말은 꼭 시원하게 뱉아내야 한다
무슨 생각 하는지 마음이 짓는 표정으로 는 맞추는,
감동의 선물 하나는 서운치 않게 안겨줘야 한다

인생

그는 걸을 수 없습니다
그의 두 발로 내가 서서
그의 걸음을 대신 내가 걷습니다
그는 숨을 제대로 쉬지 못하고 삽니다
내가 그의 산소호흡기로 매달려
그의 숨을 들이마시고 내 쉽니다
그는 음식을 삼키지 못합니다
내가 유동식으로 관을 통해 그의 몸속으로 가까스로 도달합니다
그는 가래를 뱉지 못하고 삽니다
기도에 구멍을 뚫고 끓어오르는 가래를
뽑아내 내가 가르렁가르렁 삽니다
그는 소변도 대변도 누질 못합니다
나는 그의 대소변까지 더 자주 화장실 볼일을 봅니다

그의 인생을 내가 곱으로 사느라 어깨 팔이 아파서
만만찮은 짐 지지도 부려놓지도 못합니다
응급실서 중환자실로 일반실 다시 재활병원 요양병원
숱한 곡진의 휠체어 바퀴도 다 우리 인생입니다
그래서 그 속에 슬픔도 기쁨도 감동도 詩도 있습니다

4부 따로 늙는 노래

따로 늙는 노래

함께는 늙을 수 없네

그대는 늘 푸른 잎 은행나무
그 그늘에서 부르던 노래 흥얼거리지
천화의 금빛 영혼 키만큼 흠모하다
이제사 집착의 손 놓고
더러 깜박 기억밖에 노숙할지라도
마음은 황금 곳간 따스하다
다 놓고 놓지 못하고
차거운 머리 하늘에 두고 동안거 드는 지금
무채색 본성 하마 짐작해보는 세월
존재의 땅을 찾아가는 막바지 여정에도
마음을 여는 초록 감각의 손잡이가 있어

우리, 함께는 늙을 수 없네

5월은 왕관을 벗다

그때 5월은 순백의 화관을 머리에 얹고
떨리는 손끝으로 신부를 맞았다
화사한 계절의 내력은 신록 사이로 더욱 무성하게 피고
계절 다 누리는 꽃의 전설 반백 년 누리고 살았다

5월이 50번째
불면의 동굴 에코의 기억을 재우려 뒤척이거니
꽃비가 내리고 화상통화 밖으로 말문이 막히더니
휘몰아친 비바람에 호시절 발걸음이 힘없이 주저앉더니
당신을 햇살로 누렸던 자존의 계절 쉽게 손 흔들지 않았다

웃고 있던 꽃잎의 입매와
울고 있는 잎새의 눈매 사이에
연민의 관이 푸르스름 이어지고
목관을 비집고 울컥 가래 끓는 숨소리
귀밑머리 시든 너도바람꽃이 화관을 슬며시
발치에 내려 놓았다

신께 언약의 목소리조차 반납한 당신,
오월은 끝내 이대로는 완성될 수 없어
한 발짝 걸을 수 없는 행로를 소리도 문자도 없이
눈빛만으로 안타까이 묻고 또 묻는다

벚꽃역에서 벚꽃역까지

너만 보여

벚꽃에 눈멀어 닿은 옛 신라 도읍지
충직한 덩걸에 배달된 종신연금 다 날리기 전
봄바람 부풀어 채운 주머니 다 새어나가기 전
봄날은 간다 2절 3절 목이 쉰 흰 두르막 시공을 저으면
나는야 연분홍치마 눈물 찍어내네요
다리 절룩이거나 허리 못펴는 아픈 세월의 몸짓
손 놓지 못하는 묵은 덩걸에 꽃반지 끼워 엮이듯
해마다 찾아와 보라고 후딱 환장하게 봄
*어여쁜 것 앞에서는 매양 몸살을 앓던
동리나 목월 넓은 이마, 두툼한 입술의 기질을 누가 닮아
문학이란 폐도에 이리 가벼운 너도야 꽃잎의 춤사위
먼저 핀 꽃 먼저 지는 꽃의 순리야 알 바 아니고
순서도 모를 *모네에서 앤디워홀까지
색이다가 빛이다가 풍경이다가 초상이다가
다시 꽃이다가 등걸이다가 너이다가 나이다가 하네요
다시 고개 들면 통나무다리 건너오는 천년의 숲
뭉클 안아보면 2열 종대로 2-30대에서 7-80대까지
낭만과 명작이 한 필로 펼쳐지네요

누군가 벚꽃역을 이미 떠나고
또 누군가 벚꽃역에서 내렸다고 하네요

* 어여쁜 것 앞에서는 매양 몸살을 앓던...(동리문학관/ 김동리贊, 미당 徐廷柱 글 중)
* 모네에서 앤디워홀까지...(경주 알천미술관 기획전시명)

배롱나무 꽃

거대한 사랑을 운반하는 것은
백일을 열렬히 꽃피우는 나무도
립스틱 색깔을 바꾸는 것에서 비롯한다
눈길을 끄는 찐 핑크색 입술 자국처럼
한여름의 드러난 목과 어깨
허공에 한 번 찍어 문질러대는
쬐맨한 파스텔 사랑,
크레용 사랑,
물기 번지는 수채화 사랑이다
줍든지 따든지 그리운 계절의 손이
몸피의 세월도 잊은 듯 다가오고
마음도 더워 허공에 핑크색 물이 들어
거대한 심장 열기 한가운데 심는다
나무와 심장이 하나로 연결되면
천 개의 손마디 끝으로 느끼는 붉은 관절통
9월 다 가도록 땅 바닥에 가없이
눈 뜨는 색의 화상자국
고통이던 사랑의 기억 송두리째 매달고 떨구며
립스틱 자국 지우기 그토록 한참인
찐 핑크 배롱나무 꽃

水기운 火기운

누군가 얼핏 지난밤 꿈에
질퍽한 비 동아줄처럼 타고 왔다
언제 왔는지 빗소리를 덮고 내 꿈 당겨 눅눅히 자고
아침이면 아무도 몰래 물뱀처럼 내 방 빠져 나간다
水기운 둥둥 떠다니는 내 꿈의 잔뿌리
한 번도 아니고 여러 번 그리 소리없이 와서 자고는
아직 목타는 수국에 물 주러 가는 그대
아마도 한참을 습한 우기雨期의 불火 삼킨 행성
끄지도 안지도 못한 채 소금쟁이 발 데지 않는 장화라도 구해 신고
넘치는 이생의 내川 불티처럼 건너야 할 것 같다

시계꽃
— 청로골 이야기·3

청로골 맹지의 화원에 신기하게 시계꽃이 피었다
바스락 먼 기억의 시간을 뚫고 푸른 덩굴로
네가 차지한 마음 공간을 재고 있다
속도도 없는 바늘침은 늦오월 황혼에 머문다
그저 푸른 하늘과
그저 떠도는 구름에도
찡한 세월의 눈물샘이 도는
시공을 안는 시절 인연의 꽃향기
허공에 없는 길 빗장을 여는 바람아
짜투리 인연을 열고 허투루 가버린 시간을 불러
청로靑老가 부는 색소폰 곡조는
꽃의 손끝을 떠나 또 고속철로 휭 지나가리라
네가 부는 곡조는 까마득한 시간을 소환해
가깝고 먼 서로의 기억을 통과해 어느 한때를 가리키는
늦은 오월 시계꽃으로 핀다

내소사 來蘇寺

살비늘 돋는 마음의 버턴만 매일 조심스레 누르다
부처님 오신 날 기적처럼 통화를 했다
아직 죽을 때는 아닌가 보다고 병원 냄새 대신
여백이 헐렁한 수묵화 한 점 펼쳐 보였다
미련의 살이 다 빠져버린 무우수無憂樹 한 그루
아열대 늘푸른잎 다 떨구고 한동안 금식에
소금기조차 없는 그대의 염전
맛도 색도 냄새도 없는
해탈로 가는 혼자만의 그 길이
내소사에 오니 훵하니 보였다

허허虛虛, 그대가 없네

그대 생각이 도둑 고양이듯 웅크리면
시가 살그머니 일어나고
그대 삶이 구름이듯 거기 있어
절 하나 산 하나로 시가 담쟁이듯 붙어살더니
시월 절 마당서 반나절 더불어 햇살 쪼이고
천연염색 물든 스카프 한 장으로 나는 남고
더 이상 그대가 없네 詩가 없네
참 오래 하늘에 닿아있는 생각의 끈을 쥐고
내 불면을 쥐락펴락하시더니
이승 것 아무것 아니야 다 놓아버리고
이제 잠이나 푹 잘 자라 목마른 詩魂도 거두어
세상에 허허虛虛 뿌리더라

스페이스 미조
― 문학세미나*「문학 속의 과학」

녹슨 철벽도 잿빛 콘크리트 과거도 단단한 예술작품이다
단순한 기계 차가운 금속이 아니라 세월을 입은 예술이다
'냉동창고의 기억, 예술이 되다'*
떨어지는 얼음 알갱이로 채우던 고픈 배 시린 기억,
냉철한 학문이 되다
미조항을 끌어 통유리벽에 걸어놓고
저만치 남해 바닷물도 몰려와 듣고 간다
얼음 알갱이 같은 과학 깨물어 먹는다
문학이 녹아 다시 물이 되는 시간이다
이 공간에 머물렀던 오감이 풀어내는 이야기
'건들건들 비릿한 바람과 잠깐'* 연애한 게 아니라
매운 마늘로 맺힌 삶이다 섬초 앗아 푸르게 키워낸 바람이다
문학기행 속 세미나, 축적된 강인한 섬의 기질
펜PEN에 새기는 기억의 일부 학구로 도드라진 마늘주격이다

* 권대근 Pen 세미나
* 스페이스미조 전시된 냉각 열교환기 작품
* 오인태 시「남해에 오시려거든」중

5부 그 자리

그 자리

없다. 방금 전 끼고 있던 돋보기안경
보이지 않아 머리 아래 위 더듬고
좌우 앞뒤 살펴도 없다
귀신이 곡할 노릇
한참 있다 보면 벗어둔 그 자리 신기하게 있다

나도 그가 잠시 벗어둔 돋보기안경
눈앞 시간 더듬어 한참 어디에도 없다가
다시 보면 평화공원 그 자리 젊음 그대로 있다

길에서 길을 만나다

길 위의 시쓰기가 얼추 절반인데
에라이, 역병 탓에 길을 못 찾아
서면서 연담재 기행이라 써 놓고
길 떠나 발 없는 머리로 끄적이다가
을숙도란 등단시를 만나 읽다가
만남과 인연이 머물고 떠나는 그 섬에 퍼질러
나의 몸도 저만큼 기울어 저문다
다 잊고 길에서 길을 만나고 싶다

* 아크로스틱 시 쓰기

살래, 그냥 이대로 죽을래?

'이번 여름은 얼마나 비가 많이 올까?'
'이번 여름은 얼마나 더 더울까?'
'이제 한국도 동남아 날씨가 됐네'

가까운 거리 두 발로 걸어
내가 오늘 3그루의 나무를 심는 것
네가 텀블러를 사용해
0.01kg의 탄소 배출을 줄이는 것,
플라스틱 컵의 생산, 운송,
폐기물 처리로 인한 에너지 소비와
온실가스 배출을
우리 힘으로 줄이는 것

바다에 떠다니는 미세플라스틱
조갯살로 숨어 식탁의 기막힌 죽음의 맛
중독의 대드라인을 고하는 지구환경

지구를 가족을 살리는
하나의 실천
살래, 그냥 이대로 죽을래?

폭우 폭염 온몸으로 발악하는 처참한 몸짓 이변의 향연
지구곳곳 죽음의 폭죽처럼 터진다

천연덕 오늘

천연덕 지구는 돌고 당신은 아직 살아있다
문제가 턱 앞에 와 털커덕
기후환경이 그대 호흡이듯
눈앞에서 꼬르륵꼬르륵 가라앉는 거품 속
지구는 점점 열대로 푸우 푸
북극 가문비나무 물개 물범 고래 당신까지도
발 딛고 설 땅 국경이 모호해지고
숨 못 쉰다 환자 넘치는 병원
나라끼리 전쟁, 기후소송이다

지구는 더 이상 견디지 못해 생태 용트림,
죽거나 살아 있어도 헉헉 턱 앞에 목숨
이미 키가 할미 턱까지 자란,
새끼고래 등을 타고 출렁대는 우리 아이들
남은 영역 껑충 발 어찌 디딜까 몰라

늙지 않는 바다

땅을 떠난 장미는 어디로 갔나
고래 등에 업혀 바다로 갔나
가장 따뜻한 색 블루를 둘러 마시고
고래가 숨을 토한다
방울방울 떠오르는 기억은 돌려줄게
나 어느 바다에서
다시 피는 장미를 보네
착하고 널찍한 고래 등에 업혀 바다로 갔다네
시들지도 죽지도 않는 생명이 시시때때로
손끝에서 눈뜨는 새끼고래 출랑대는 춤
파랑 물감 매일 쏟아 엎질러
바다를 늙게 가만 놔두지 않는다

시차극복

드디어 내게 아침이 왔네
나는 맑아서 창밖 나무의 초록 내음과
초록 바람에 움직이는 아침을 보았네
제대로 본다는 것 제대로 느낀다는 것
드디어 나를 돌려 받았네
이제 내게 저녁은 저녁이 되어 올 것이며
밤은 밤으로 포근히 침상으로 찾아올 것이네

낮에 잠들어 꿈꾸지도 않을 것이네
살랑대는 잎새들이 빛을 섞어 짜고 있는
몽환의 그물에 걸리지 않을 것이네
밤에 일어나 앉아
사랑 그대조차 거꾸로 읽지 않을 것이네
그대와의 거리 이제사 확연히 멀어
드디어 내게로 내가 왔네.

강이 아프다 · 1

이유도 모른다
유유하던 강이 돌아누워 오래 아프단다
막힌 내장을 긁어내도
누적된 육진六震의 살을 버려도
물길이 막힌 지구의 혈
붉은 깃발이나 꽂아둔
화지천 그 언저리에 와
아카시아 꽃향기라도 띄우듯
해줄 게 하나 없다
황폐한 내 몸 내어준 한때 있어
내 안으로 출렁출렁 흘러들던
그 시의 기억이나 꼬물꼬물
버들치듯 풀어 놓는다

강이 아프다 · 2

너를 건너온 후
낯을 가리는 낮달처럼
도통 가깝지 않네
꽃과 색 만발한 구름 동네
봄 오고 또 초여름이 와
붉은 꽃 양귀비, 줄장미 그 원초의 향기
이승의 내공조차 혼미하다
신록이 진동을 해도
세상사 먼 너는 공空 안으로 들고
무염 무미의 현실을 넘어
맛조차 까마득할 너를 생각하면
태안 조개젓 부안 어리굴젓에 자주 가던
맛을 밝힌 내 인생 부산한 젓가락질도
문득 6월의 묵념이듯 멈추고는
묵묵 밥만 떠먹는 심심한 날이 더러 있네

내 뒤에 있다

나를 한 장 넘기면
드넓은 그가 내 뒤에 있다
바다로 데리고 가 바다를 보여주는
숲으로 데리고 가 숲을 보여주는
시 교정지 이면에
그의 글이 찍혀 있다
이미 한번 거친 생의 뒤쪽에
다시 한번 내생이 찍히다니
한 장 그의 바다를 보고
다시 조용한 내 풀섶의 강으로 온다
그가 디딘 이면을
내가 디딘다
누군가 삶의 여백에 옷 하나 걸어두듯
그 위로 내 삶이 겹쳐서
벽면 한 장 공간을 더불어 살다니
신기해라.
인연의 실 끝은 이렇게 풀리어
삶을 묶듯 책하나 엮다니
바다로 데리고 가 바다를 보여주는
숲으로 데리고 가 숲을 보여주는
나를 한 장 넘기면
드넓은 그가 내 뒤에 있다.

딸들(정현, 수현)에게 보내는 편지

태어나 자라면서 온통 행복의 캡슐 속으로
초록 잎새 우거지게 하더니
그 가지마다 정겨운 새들의 노래를 풀어
동화의 나라, 시의 나라 안겨 경이롭게 하더니
우리 귀여운 강아지들 자랑이
내 뜨락 금싸라기 뿌리듯 황홀케 하더니
다 자라 이제 부모보다 더 큰 어른이 되었더라

늙고 병든 아빠 대신해
이리 든든한 버팀목 나를 서게 하는 힘이었더라
지혜의 답을 주저리 달고, 가까이서 멀리서
어려운 간병의 역경도 앞서 헤치고 풀어가는 너희
사랑과 순리의 아침햇살이듯 내 앞을 밝히더구나
고개 끄덕이며 고개 끄덕이며 순순히 따르던 이름
너희 이름, 가슴 따뜻하게 기운 충만하게
늙지 않는 바다처럼 나를 다시 출렁이게 하는구나

'중우 삶은 물에 나물 데치다'
— 강남주 시인 추모

비우산 같은 말씀 속에도 꼭데기를 삐죽이 비킨
우산 살대 같은 유머가 있어 좋았습니다
바위 같은 집념, 장르를 넘나드는 집필과 누그러지지 않는
학구의 고집은 그 누구도 막지 못해 극도의 단순
그 경지를 누렸습니다
날카로운 시학 흩날리는 흰 웃음이
비온 뒤 개울물, 시문학 물꼬를 시원스레 뚫어줍니다

온몸으로 바다의 깊이에 겁 없이 뛰어든 빗방울이듯
소금 한 톨 기억에 쥐고 그것으로 바다를 재려 합니다
카페의 문 열고 들어서면 따뜻한 댓글로 다녀가신 흔적
이제 가벼운 기척조차 없어 믿기지 않는 지금
그리움만 행간을 휘돌고 아무도 읽고 평해주지 않는 詩가
천마天馬를 잃고 기죽어 빠져 나옵니다
'나물 데친 물에 중우라도 삶아야 한다'는 역설의 해학이
웃음이듯 눈물이듯 가르침이듯 곳곳에서 맴돕니다

작품해설

《문학도시》 2024 작품상 수상작 읽기
- 탁영완 시 「따로 늙는 노래」 -

조현숙(시인)

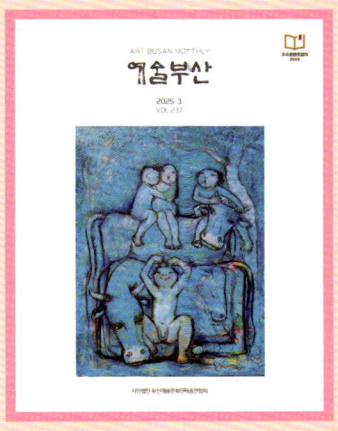

작품 해설

《문학도시》 2024 작품상 수상작 읽기
- 탁영완 시 「따로 늙는 노래」 -

조현숙(시인)

"Honey, Don't worry, I'm here, I'm here!"

가파른 계단 중간에서 겁에 질려 멈춰 버린 부인에게 뒤따라 오르던 남편이 달래는 소리가 들렸다.

그때 우리는 앙코르와트의 일몰 명소인 프놈바켕 사원에서 일몰 풍경을 놓칠세라 서둘러 계단을 오르는 중이었다. 아내를 달래던 그 미국인 노부부를 보는 순간, 웃음이 터질 뻔했다. 자기가 아래서 버티고 있으니 걱정하지 말라는 남편의 왜소한 체구에 비해 부인의 몸집이 너무 육중했기 때문이었다.

하지만 웃음도 잠시, 뭔가 뜨거운 것이 가슴에서 울컥 솟았다. 삶이 힘들고 지칠 때, "걱정 마, 내가 있잖아!"라고 말해주는 내 편이 있다는 건 얼마나 든든한 일인가.

여행지에서 손을 잡고 다니는 노부부들을 보면 왠지 마음이 엄숙해진다. 살아온 세월 동안 얼마나 많은 파도를 넘어왔을까. 때론 함께 탄 배가 난파할 것 같은 위험도 만났으리라. 수많은 풍랑을 통과

하면서도 잡은 손을 놓지 않고 여기까지 온 사람들의 모습엔 삶의 전장에서 승리한 흔적이 훈장처럼 새겨져 있는 것 같다.

하지만 이 세상 끝까지 함께 갈 수 있는 인연이 있을까-. 언젠가는 반드시 손을 놓고 각자의 길을 홀로 가야 할 때가 온다는 걸 우린 안다.

그래서일까. 부산문인협회 발간 종합문예지인 월간《문학도시》에서 2024년도 우수작품상에 선정된 탁영완 시인의 「따로 늙는 노래」가 가슴에 먹먹하게 들어온 것은.

따로 늙는 노래 / 탁영완

함께는 늙을 수 없네
그대는 늘 푸른 잎 은행나무
그 그늘에서 부르던 노래 흥얼거리지
천화의 금빛 영혼 키만큼 흠모하다 이제사 집착의 손 놓고
더러 깜박 기억 밖에 노숙할지라도
마음은 황금 곳간 따스하다
다 놓고 놓지 못하고
차가운 머리 하늘에 두고 동안거 드는 지금
무채색 본성 하마 짐작해 보는 세월
존재의 땅을 찾아가는 막바지 여정에도
마음을 여는 초록 감각의 손잡이가 있어
우리, 함께는 늙을 수 없네

탁영완 시인의 남편은 소문난 애처가이다. 아낌없는 사랑을 받고 살아서 그런지 탁 시인에게선 언제나 활짝 핀 모란처럼 곱고 화사한 분위기가 느껴진다. 1986년 시문학으로 등단하여 중등학교에서 오래 교편을 잡았던 그녀가 한국문인협회와 국제PEN한국본부 자문위원, 한국현대시인협회 지도위원, 여러 문인단체 회장 등을 역임하며 13권의 시집 발간, 각종 문학상 수상 등, 활발한 활동을 할 수 있었던 것도 남편의 격려와 사랑 덕분이 아니었을까. 물론 본인의 재능과 노력이 눈부신 성과를 만들어 낸 것이겠지만 끊임없이 사랑과 지지를 보내 준 남편의 존재 또한 주변 사람들의 부러움을 사기에 충분했다. 그렇게 자상하고 따뜻한 남편이 몇 년 전 병환으로 쓰러졌다. 지금은 링거와 호흡기 등, 의료 기구에 의존해 몸짓으로나마 겨우 의사소통이 가능한 정도에 있다고 한다. 그토록 든든하게 잡아주던 남편의 손을 놓칠 뻔했을 때 시인의 마음이 어떠했을까.

함께 손잡고 늙어가리라 믿었던 그는 지금 병석에 누워 생의 막바지 여정을 홀로 가고 있다. 시인은 그와 함께 나누었던 따뜻한 추억으로 아픔을 견디며 남편에게 진 사랑의 빚을 갚듯, 뒤늦은 연서를 쓴다. 그녀가 밝힌 시작詩作 노트에서 담담한 표현 뒤에 숨어있는 시인의 애틋한 심경을 읽을 수 있다.

우리도 나무를 닮아 나무에게서 인생을 본다
푸른 은행나무처럼 무성했던 삶, 약속의 기억,
노란 은행잎 찬란한 시절은 마음 곳간에 쌓여 늘 함께 머문다.
비록 아프고 제각기 늙어가는 지금은 차가운 계절,

더러 깜박깜박 잊음이 흴해도 절절히 느꼈던 함께의 한생이
추억(초록 감각의 손잡이)되어 있다. 계절을 비워도 다는 털어
버리지 못하듯
문득 떠오르는 인연 갈피의 풋풋한 노래 흥얼거리듯
홀로 가는 막바지 생,
뒤늦게 빚을 갚듯 당신께 쓰는 줄줄이 연서
따로 함께…. 저문다.

그는 지금 홀로 차가운 어둠 속에 갇혀 있지만, 시인과 그는 나무처럼 무성하고 찬란했던 시절을 함께 했던 기억으로 연결되어 있다. 비록 어둠의 저쪽에서 가끔 깜빡이는 기억이라도, 한 생을 함께한 추억이 있기에 시인은 그것이 서로에게 따스한 위로로 가득 찬 황금 곳간이라고 생각하는 것이다.

생각해 보면 '함께'라는 말은 얼마나 따듯하고 가슴 뭉클한 말인가. 함께하는 이가 있기에 어떤 어려움도 이겨낼 수 있는 힘이 생기고 먼 길도 가까운 듯 걸어갈 수 있다. 그러나 인간은 결국 누구도 서로의 삶과 죽음을 대신해 줄 수 없는 외로운 존재가 아니던가. 그 길의 끝에서 우리를 지탱해 주는 것은 그동안 함께 쌓아온 추억의 황금 곳간일 것이다. 그러니 우리는 지금 내 곁에 있는 사람과 더불어 그 곳간에 채울 시간을 아름답게 가꾸어야 하지 않을까.

함께 또 따로 가야 하는 자연의 이치를 담담히 받아들이며 마지막 순간까지 곁에 있는 사람들에게 최선을 다하는 것, 그것이 인생의 석양을 아름답게 물들이는 사람들의 모습이 아닐까 생각해 본다. 삶의 막바지 길에 들어선 남편 곁에서 줄줄이 연서를 쓰고 있는 탁 시인의 모습처럼.

오래전 앙코르와트에서 나란히 앉아, 장엄하게 지는 해를 바라보던 노부부의 모습이 잊히지 않는 것도 그래서일 것이다.
비록 언젠가는 손을 놓을 때가 있겠지만 인생의 석양에서도 외롭지 않게 서로를 붙들어 주는 말,

"Don't worry, I'm here!"
그 말의 따뜻함 때문에.

- 『예술부산』(25. 3. VOL.237)

작가 소개

- **표지 작품**
  서강희 Irene Suh

- **간지 작품**
  서한비 Amelia Suh

● 표지 작품 작가

서 강 희 (Irene Suh)

· 현 13세 (2012. 7. 17.생)
· 시집 『황금왕관 솔새』 표지그림(9세)
· 시집 『바다탯줄을 당기다』 표지그림(9세)
· 시집 『해인의 창』 표지, 간지 드로잉그림(3~7세)
· 시집 『시월국화는 시월에 핀다더라』 표지그림(3세)

Art 관련 수상경력

· 2018 Irvine Unified School Distict, Reflections, Visual Arts Winner
· 2019, 2020 The Korean Daily Student Art Contest, Honorable Mention
· 2021 The Korean Daily Student Art Contest, CEO Award
· 2022 Tustin Unified School District, Dino Dash Poster Winner
· 2023 The Korean Daily Student Art Contest, Honorable Mention

아트 외 수상

· 2023 6th Grade Honor Roll Student
· 2023 Pioneer Academic Olympics Spelling Bee Winner
· 2024 7th Grade Honor Roll Student
· 2024 Pioneer Middle School Student of the Month
· 2024 태권도 국기원 1품 심사 합격(태권도 검은띠 1단)
· 2025 Max Scores on ELA and Math CAASPP Tests
  캘리포니아 주 7학년 학생 성취도 평가(영어, 수학) 시험 최고점

©2024 IRENE

©2023 IRENE

©2023 AMELIA

©2024 IRENE

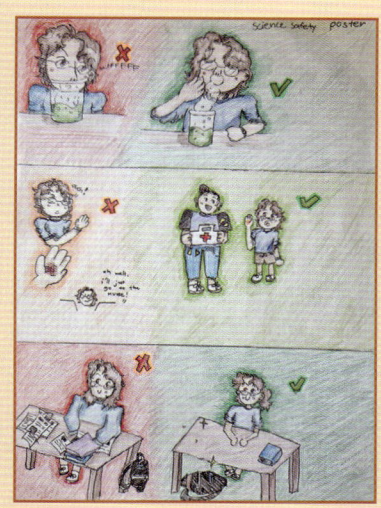

©2025 AMELIA

©2025 IRENE

©2025 IRENE

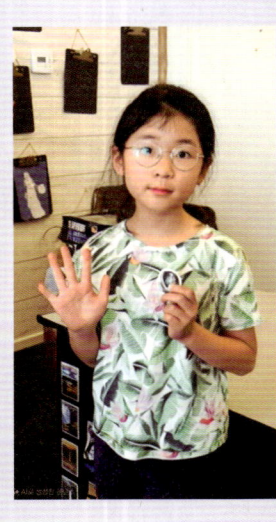

● 간지 작품 작가

서 한 비 (Amelia Suh)

· 현 8세 (2017. 1. 7.생)
· 시집 『황금왕관 솔새』 간지 작품(8세)
· 시집 『바다탯줄을 당기다』 드로잉 간지그림(5세)

수상경력
· 2023 TMA Writers Award
· 2023 TMA Chess 대회 2위
· 2024 TMA Mathematician Award
· 2024 KS Piano Recital Award

©2023 AMELIA

©2023 AMELIA

©2023 AMELIA

©2023 AMELIA

©2023 AMELIA

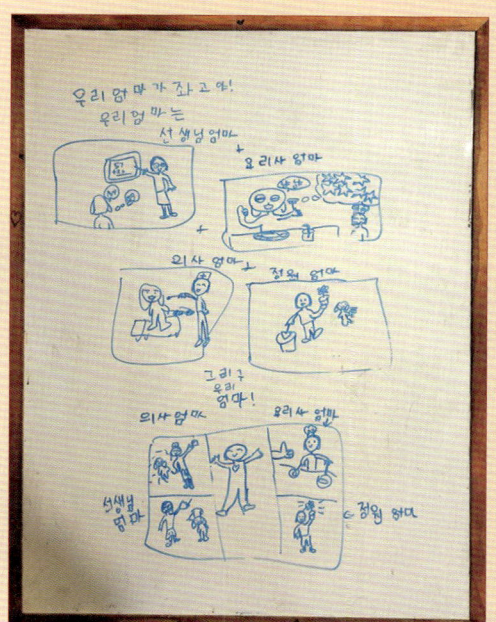

©2023 AMELIA

©2023 AMELIA

©2023 AMELIA

©2023 AMELIA

가족은 사랑, 가족의 힘

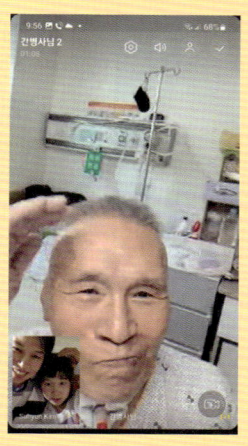
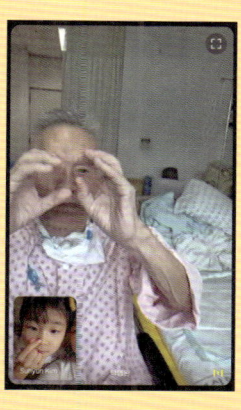
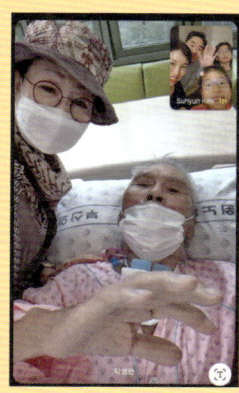
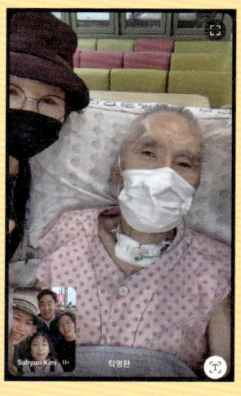
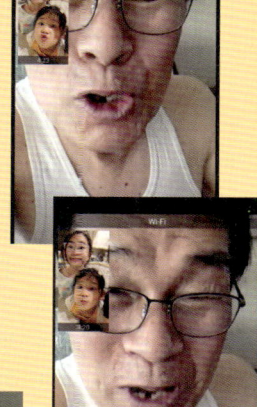
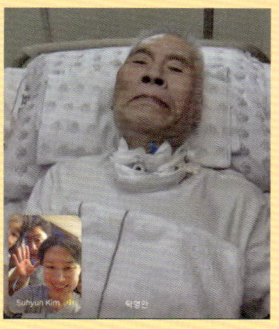

"우리 할아버지 마음"

"우리 할아버지 마음"

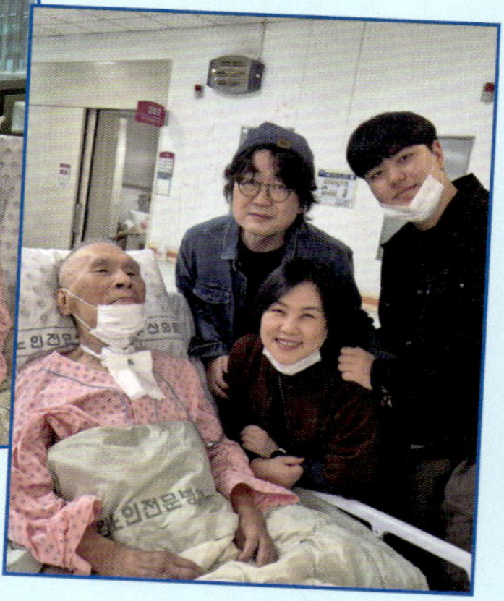

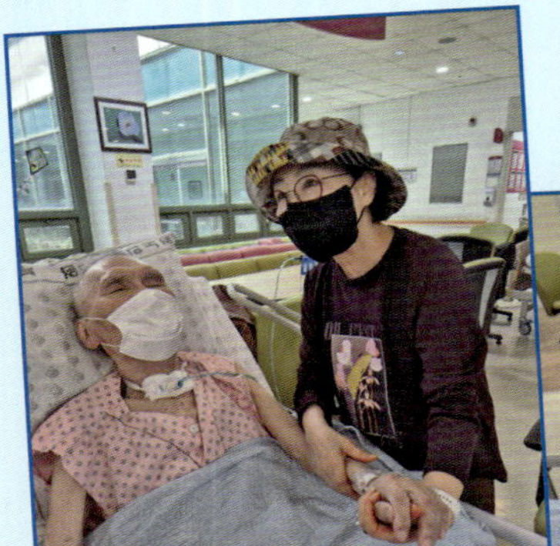

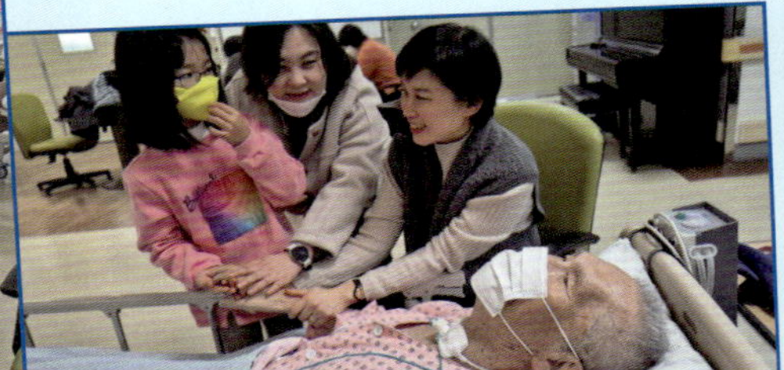

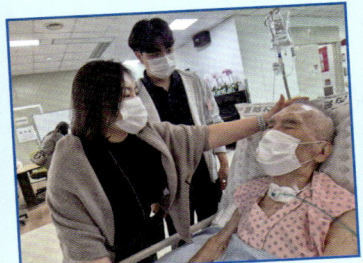

우리 할아버지 마음

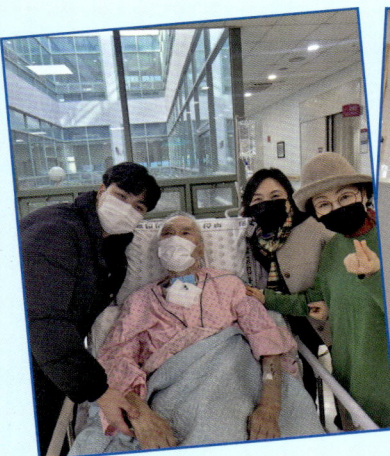
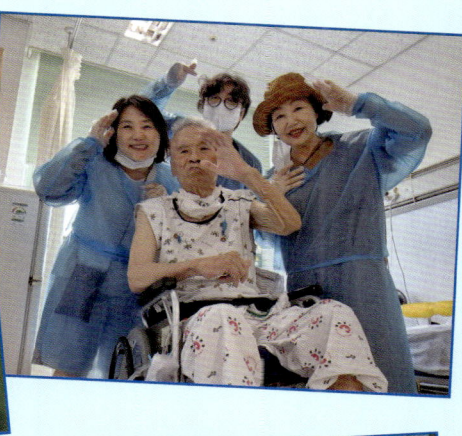
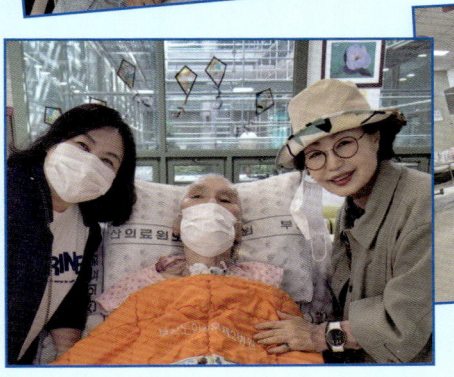

할머니 사랑해요
Amelia
Amelia
24.1.12

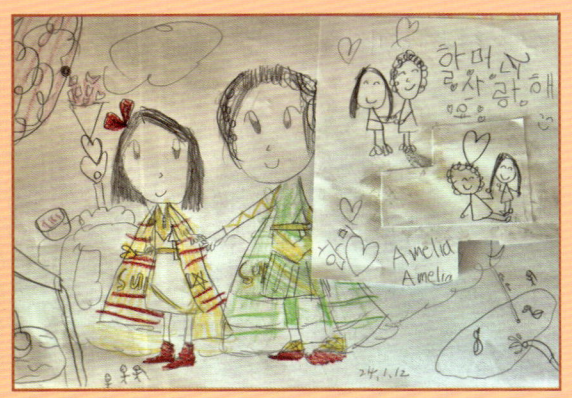

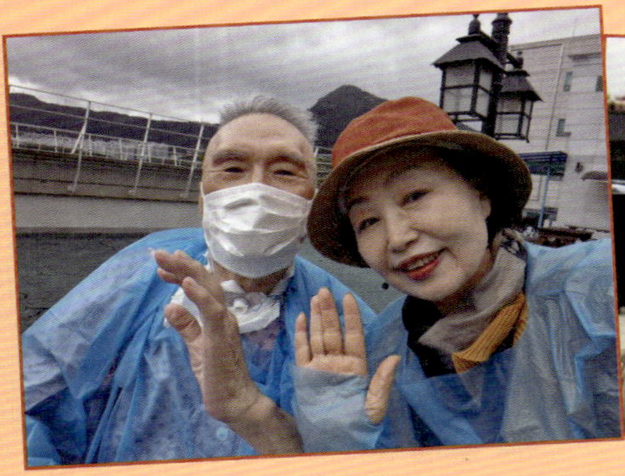

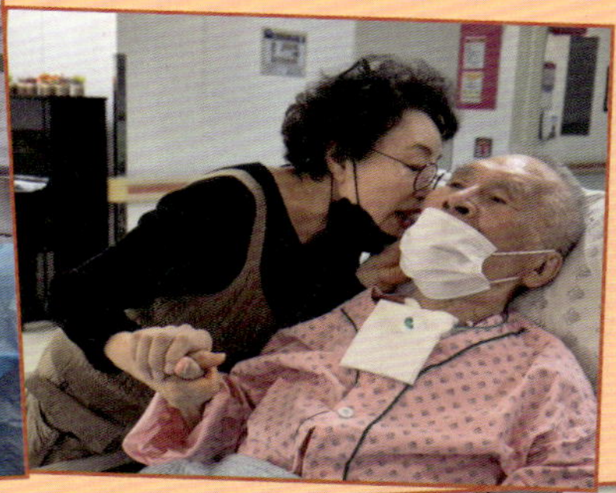

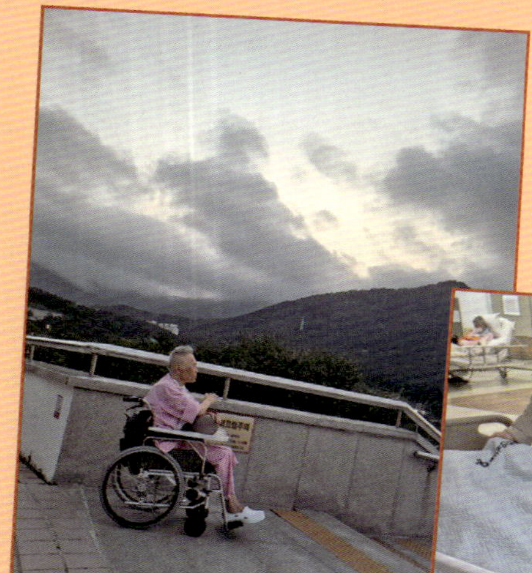

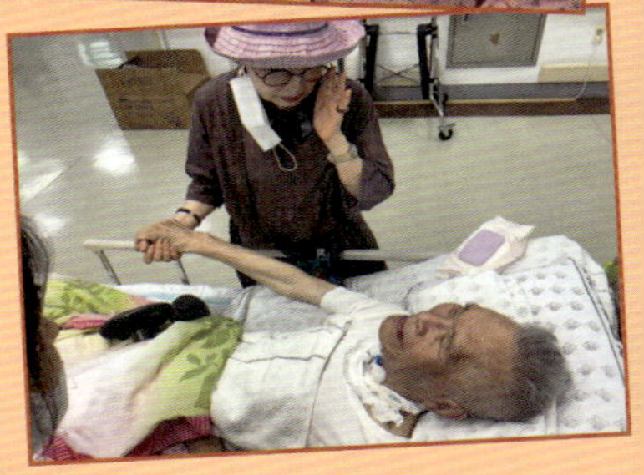

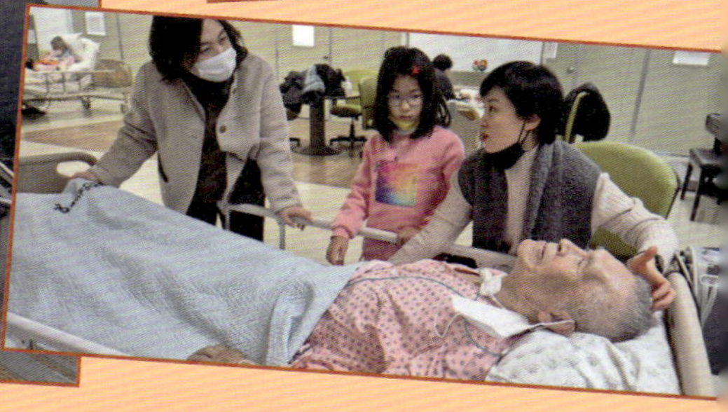

"할아버지 사랑해요"

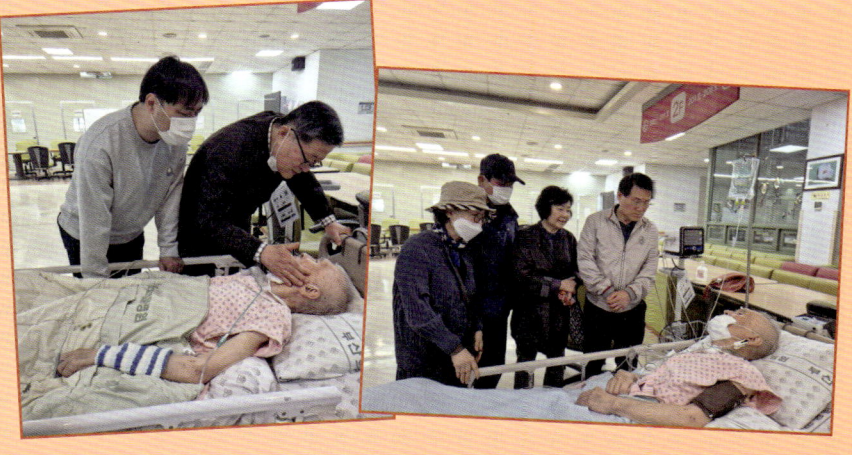

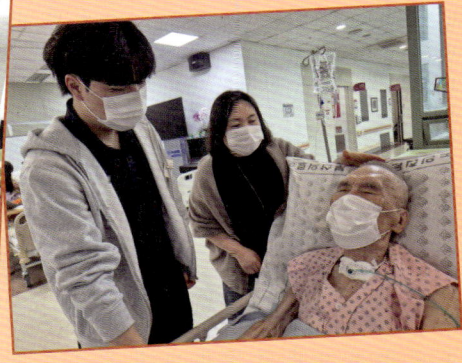

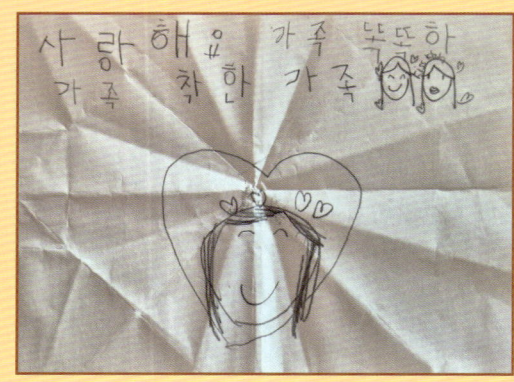

"똑똑한 가족
착한 가족"

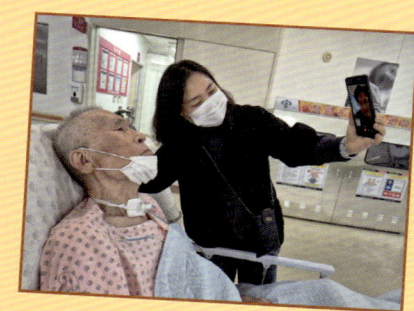
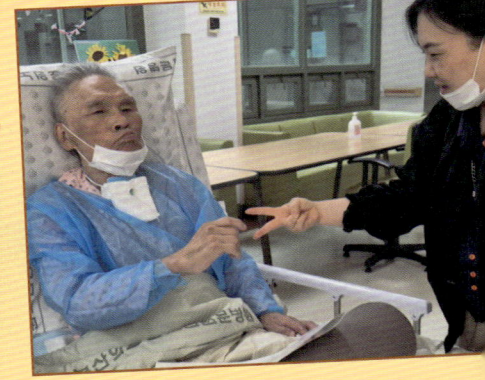
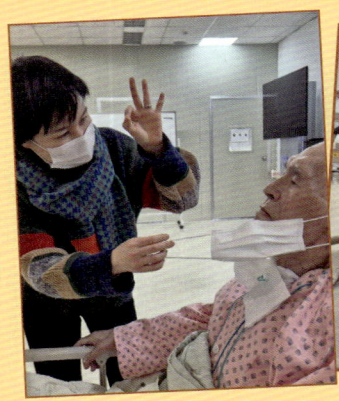
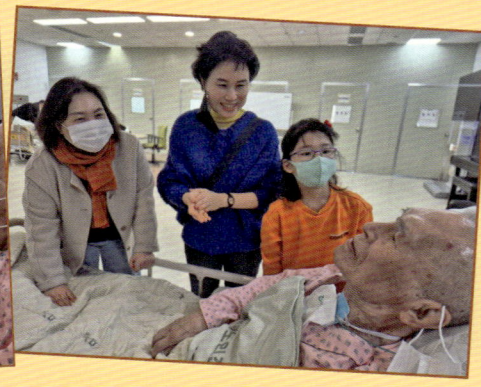

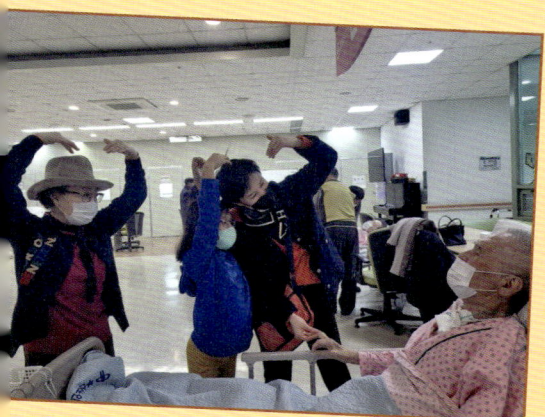
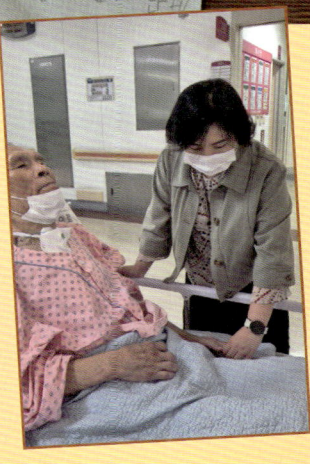
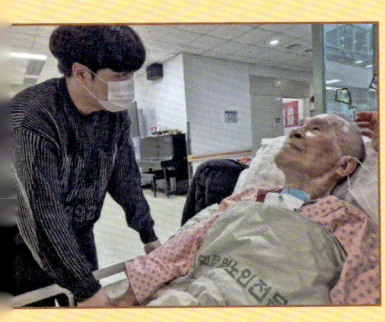
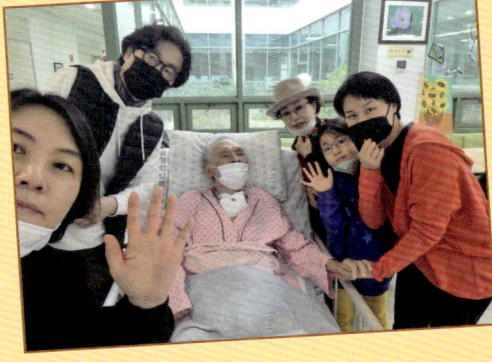

금혼식 _ 결혼50주년기념

3대
힐링여행
(거창 허브빌리지 25. 5. 31)

오월 화관을 쓰다(23. 5. 26)

황금왕관 솔새

탁영완 시집

발행일 | 2025년 9월 10일

지은이 | 탁영완
펴낸이 | 최장락
펴낸곳 | 도서출판 두손컴
주　　소 | 부산광역시 부산진구 부전로 35, 301호(부전동, 삼성빌딩)
전　　화 | (051)805-8002　팩스 : (051)805-8045
이메일 | doosoncomm@daum.net
출판등록 제329-1997-13호

ⓒ탁영완 2025
값 15,000원

ISBN 979-11-91263-98-5　　03810

*저자와 협의에 의해 인지를 생략합니다.
*잘못 만들어진 책은 바꾸어 드립니다.

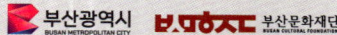

본 도서는 2025년 부산광역시, 부산문화재단 〈부산문화예술지원사업〉으로 지원을 받았습니다.